MENTAL MATHS PRACTICE

ages 10–11

Exercises 1–12

Review test
Now I can do... (1)

Answers

Certificate

Exercises 13–25

Review test
Now I can do... (2)

Progress record

Author Margaret Gronow

Illustrator Mike Miller

Exercise 1a

Find the cost of 1 if...

1. 3 cost 12p — 4p
2. 5 cost 25p — 6
3. 4 cost 40p — 9
4. 2 cost 18p — 3
5. 8 cost 56p — 9
6. 7 cost 63p — 8
7. 6 cost 66p — 7
8. 9 cost 72p — 10
9. 4 cost 64p — 5
10. 8 cost 96p — 9
11. 2 cost £1.00 — 2
12. 4 cost £1.20 — 8
13. 8 cost £2.40 — 9
14. 5 cost £2.00 — 6
15. 7 cost £3.50 — 8
16. 9 cost £9.90 — 10

Exercise 1b

Find the cost of 2 if...

1. 3 cost 15p — 10p
2. 4 cost 16p
3. 7 cost 35p
4. 5 cost 45p
5. 6 cost 72p
6. 5 cost £5.00
7. 9 cost £2.70
8. 8 cost £4.00
9. 4 cost 36p
10. 7 cost 49p
11. 5 cost £1.60
12. 3 cost £1.50
13. 8 cost £3.20
14. 6 cost £2.46
15. 9 cost £1.08
16. 7 cost £2.24

Find the cost of 1 first.

Exercise 2a

Find the missing signs. Use +, −, × or ÷

1. 4 [×] 2 = 8
2. 3 [+] 3 = 6
3. 12 [÷] 3 = 4
4. 18 [÷] 2 = 9
5. 6 [−] 6 = 0
6. 1 [×] 6 = 6
7. 7 [×] 8 = 56
8. 5 [÷] 5 = 1
9. 50 [−] 25 = 25
10. 25 [−] 25 = 0
11. 41 [−] 29 = 12
12. 8 [×] 8 = 64
13. 8 [÷] 8 = 1
14. 38 [+] 27 = 65
15. 48 [÷] 3 = 16
16. 51 [ ] 37 = 14

> Adding and multiplying make bigger. Subtracting and dividing make smaller.

Exercise 2b

Find the missing signs again.

1. 6 [×] 9 = 54
2. 8 [ ] 8 = 0
3. 10 [ ] 10 = 1
4. 33 [ ] 3 = 11
5. 15 [ ] 16 = 31
6. 3 [ ] 12 = 36
7. 37 [ ] 18 = 19
8. 45 [ ] 9 = 5
9. 54 [ ] 3 = 18
10. 63 [ ] 27 = 36
11. 16 [ ] 18 = 34
12. 9 [ ] 8 = 72
13. 9 [ ] 9 = 1
14. 29 [ ] 17 = 46
15. 1 [ ] 8 = 8
16. 4 [ ] 4 = 1

Exercise 3a

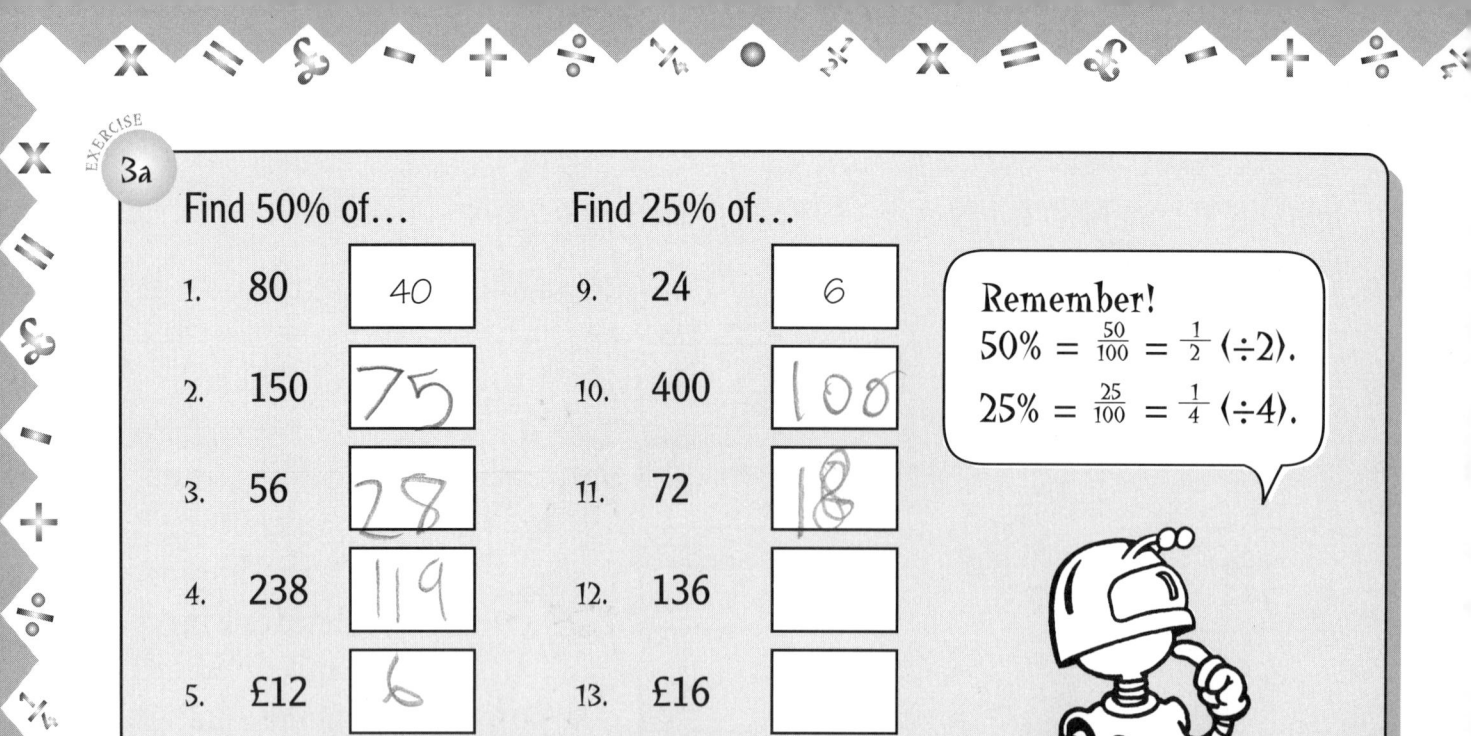

Find 50% of...

1. 80 — 40
2. 150 — 75
3. 56 — 28
4. 238 — 119
5. £12 — 6
6. £74 — 37
7. £3.20 — 1.80
8. £9.40 —

Find 25% of...

9. 24 — 6
10. 400 — 100
11. 72 — 18
12. 136 —
13. £16 —
14. £92 —
15. £2.64 —
16. £12.28 —

Remember!
$50\% = \frac{50}{100} = \frac{1}{2}$ (÷2).
$25\% = \frac{25}{100} = \frac{1}{4}$ (÷4).

Exercise 3b

Find $\frac{3}{4}$ of...

1. 20 — 15
2. 8 — 6
3. 40 — 30
4. 12 — 9
5. 80 — 60
6. 36 — 24
7. 16 — 12
8. 32 —

Find 75% of...

9. 48 — 32
10. 84 — 63
11. 120 — 90
12. 1000 — 750
13. £44 —
14. £12.40 —
15. £200 —
16. £88 —

Find $\frac{1}{4}$ first, then multiply by 3.

Exercise 4a

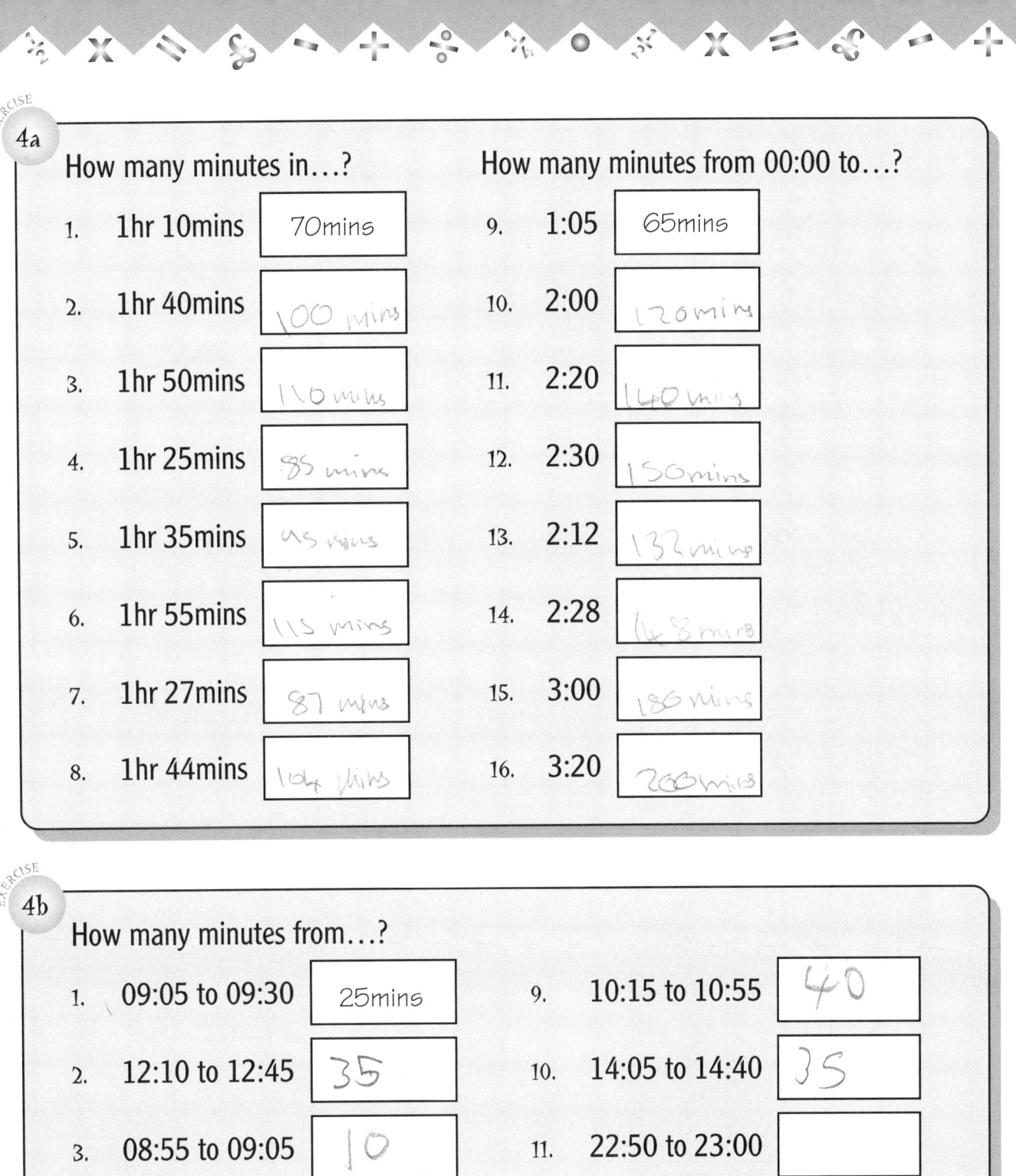

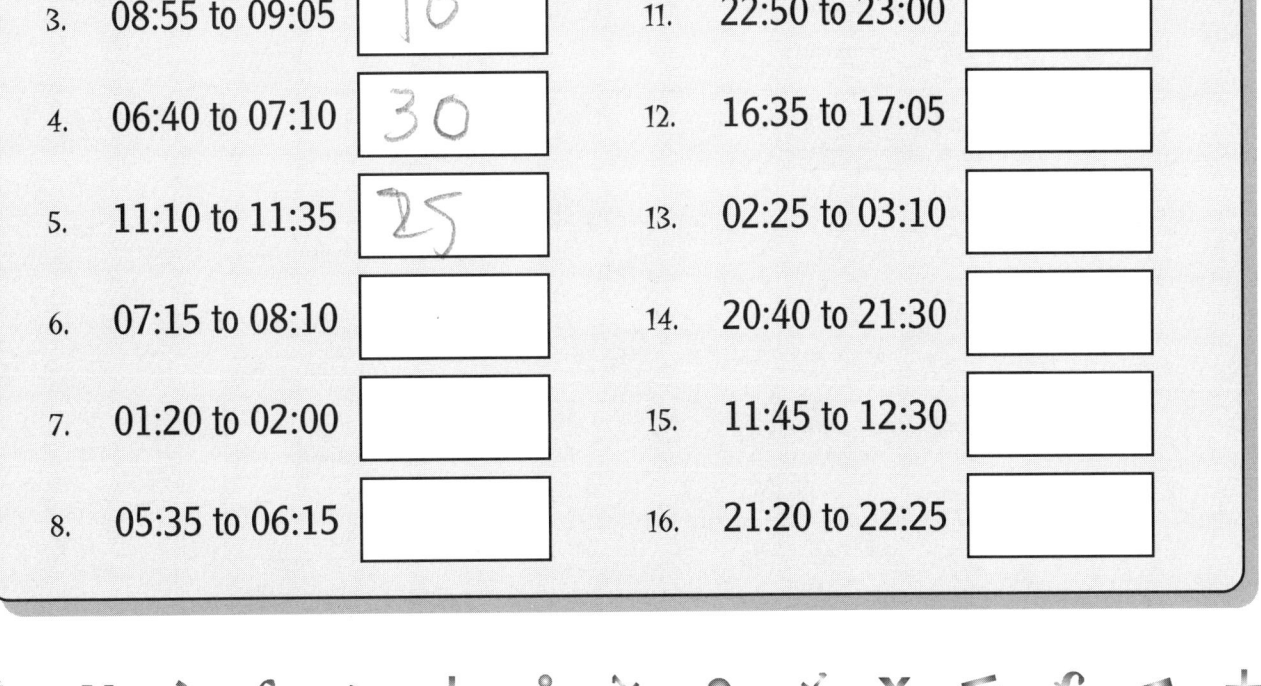

How many minutes in…?

1. 1hr 10mins — 70mins
2. 1hr 40mins — 100 mins
3. 1hr 50mins — 110 mins
4. 1hr 25mins — 85 mins
5. 1hr 35mins — 95 mins
6. 1hr 55mins — 115 mins
7. 1hr 27mins — 87 mins
8. 1hr 44mins — 104 mins

How many minutes from 00:00 to…?

9. 1:05 — 65mins
10. 2:00 — 120 mins
11. 2:20 — 140 mins
12. 2:30 — 150 mins
13. 2:12 — 132 mins
14. 2:28 — 148 mins
15. 3:00 — 186 mins
16. 3:20 — 200 mins

Exercise 4b

How many minutes from….?

1. 09:05 to 09:30 — 25mins
2. 12:10 to 12:45 — 35
3. 08:55 to 09:05 — 10
4. 06:40 to 07:10 — 30
5. 11:10 to 11:35 — 25
6. 07:15 to 08:10 —
7. 01:20 to 02:00 —
8. 05:35 to 06:15 —
9. 10:15 to 10:55 — 40
10. 14:05 to 14:40 — 35
11. 22:50 to 23:00 —
12. 16:35 to 17:05 —
13. 02:25 to 03:10 —
14. 20:40 to 21:30 —
15. 11:45 to 12:30 —
16. 21:20 to 22:25 —

Exercise 5a

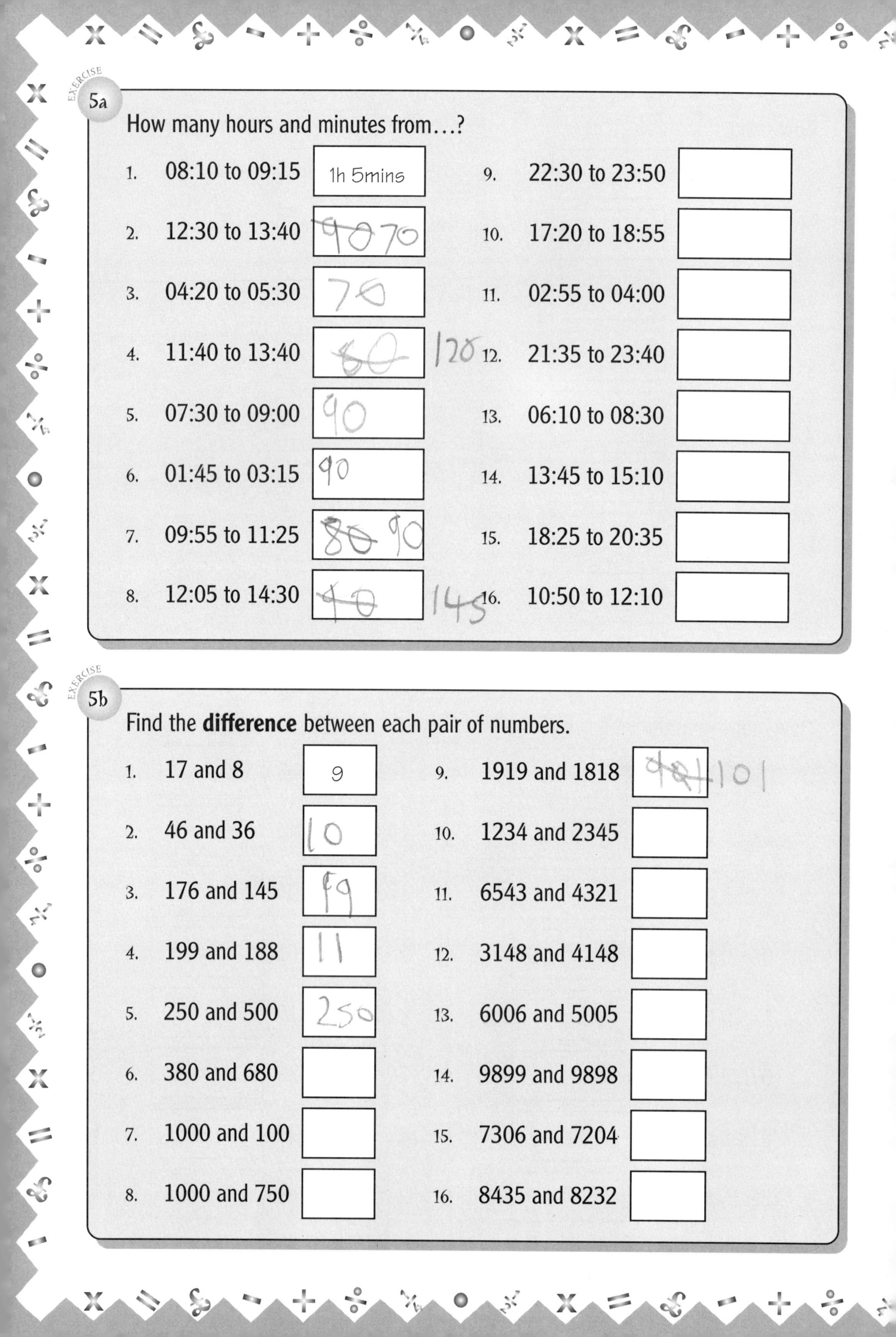

How many hours and minutes from...?

1. 08:10 to 09:15 — 1h 5mins
2. 12:30 to 13:40 — ~~90~~ 70
3. 04:20 to 05:30 — 70
4. 11:40 to 13:40 — ~~80~~ 120
5. 07:30 to 09:00 — 90
6. 01:45 to 03:15 — 90
7. 09:55 to 11:25 — ~~80~~ 90
8. 12:05 to 14:30 — ~~70~~ 145
9. 22:30 to 23:50 —
10. 17:20 to 18:55 —
11. 02:55 to 04:00 —
12. 21:35 to 23:40 —
13. 06:10 to 08:30 —
14. 13:45 to 15:10 —
15. 18:25 to 20:35 —
16. 10:50 to 12:10 —

Exercise 5b

Find the **difference** between each pair of numbers.

1. 17 and 8 — 9
2. 46 and 36 — 10
3. 176 and 145 — 19
4. 199 and 188 — 11
5. 250 and 500 — 250
6. 380 and 680 —
7. 1000 and 100 —
8. 1000 and 750 —
9. 1919 and 1818 — ~~98~~ 101
10. 1234 and 2345 —
11. 6543 and 4321 —
12. 3148 and 4148 —
13. 6006 and 5005 —
14. 9899 and 9898 —
15. 7306 and 7204 —
16. 8435 and 8232 —

Exercise 6a

Find the **product** of...

1. 10 and 10 → 100
2. 25 and 4 → 100
3. 11 and 10 → 180
4. 20 and 20 → 400
5. 15 and 5 → 75
6. 12 and 12 → 144
7. 16 and 3 → 48
8. 33 and 0 → 0
9. 100 and 3 →
10. 150 and 4 →
11. 101 and 2 →
12. 35 and 2 →
13. 18 and 3 →
14. 250 and 4 →
15. 500 and 5 →
16. 200 and 8 → 1606

'Product' means you need to multiply.

Exercise 6b

1. 20 + 80 + 30 = 130
2. 70 + 60 + 40 = 170
3. 55 + 45 + 25 = 125
4. 19 + 15 + 81 = 115
5. 65 + 72 + 35 = 172
6. 70 + 80 + 50 = 200
7. 23 + 60 + 17 = 110
8. 34 + 20 + 36 = 90
9. 110 + 190 + 200 =
10. 200 + 65 + 35 =
11. 400 + 300 + 300 =
12. 625 + 175 + 200 =
13. 115 + 170 + 115 =
14. 85 + 105 + 110 =
15. 125 + 225 + 350 =
16. 228 + 360 + 412 =

Exercise 7a

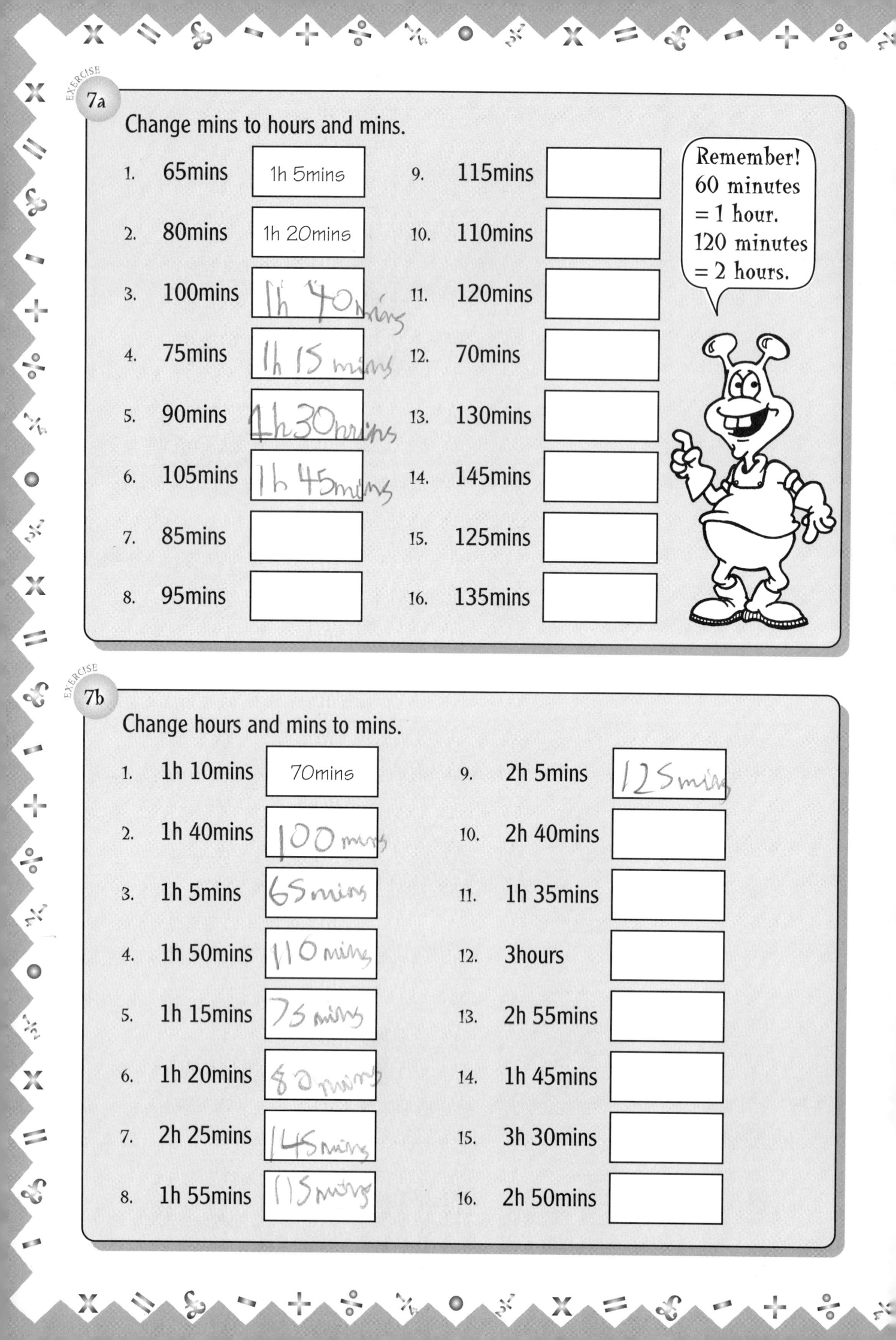

Change mins to hours and mins.

1. 65mins — 1h 5mins
2. 80mins — 1h 20mins
3. 100mins — 1h 40mins
4. 75mins — 1h 15mins
5. 90mins — 1h 30mins
6. 105mins — 1h 45mins
7. 85mins —
8. 95mins —
9. 115mins —
10. 110mins —
11. 120mins —
12. 70mins —
13. 130mins —
14. 145mins —
15. 125mins —
16. 135mins —

Remember! 60 minutes = 1 hour. 120 minutes = 2 hours.

Exercise 7b

Change hours and mins to mins.

1. 1h 10mins — 70mins
2. 1h 40mins — 100mins
3. 1h 5mins — 65mins
4. 1h 50mins — 110mins
5. 1h 15mins — 75mins
6. 1h 20mins — 80mins
7. 2h 25mins — 145mins
8. 1h 55mins — 115mins
9. 2h 5mins — 125mins
10. 2h 40mins —
11. 1h 35mins —
12. 3hours —
13. 2h 55mins —
14. 1h 45mins —
15. 3h 30mins —
16. 2h 50mins —

Exercise 8a

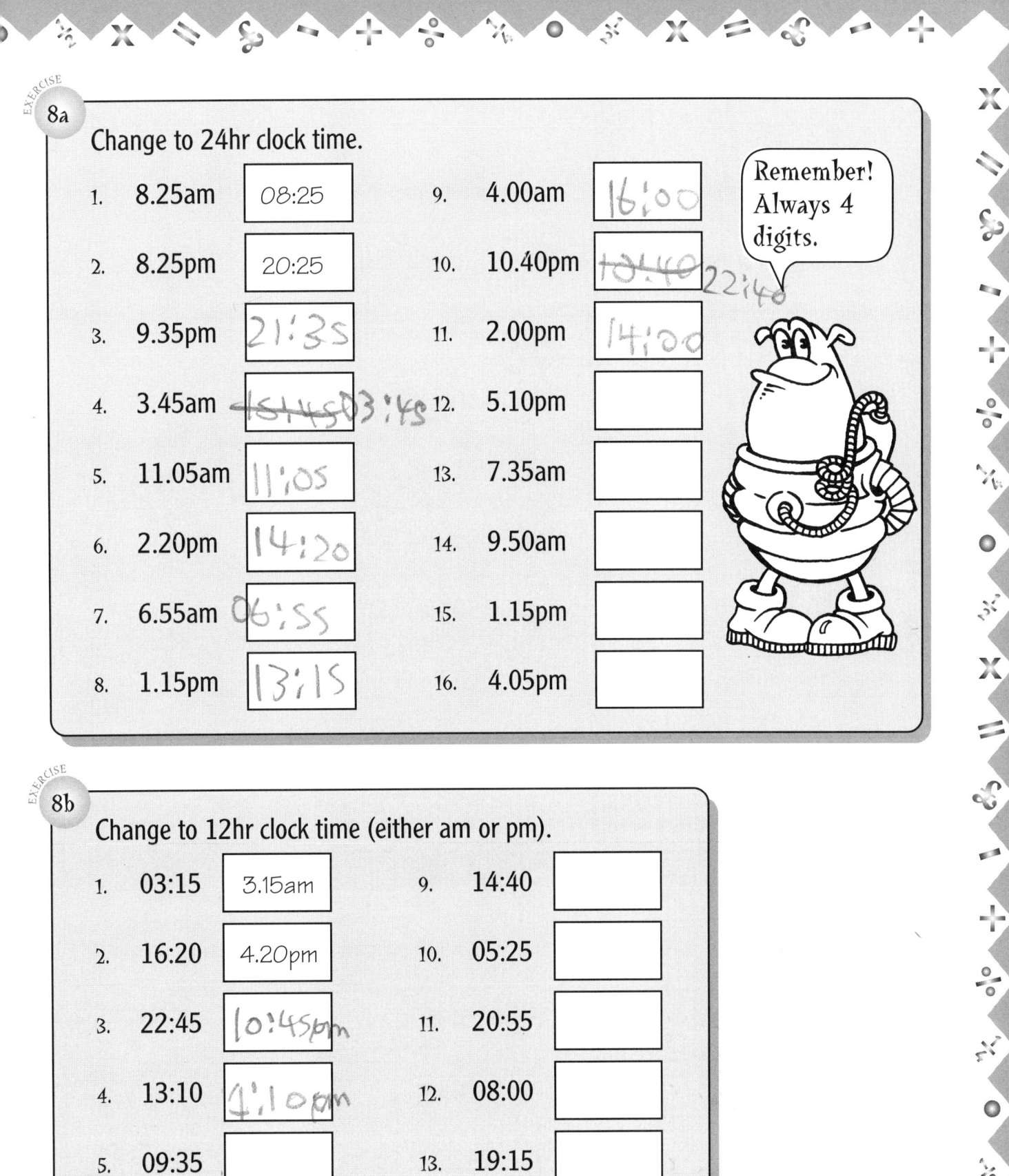

Change to 24hr clock time.

1. 8.25am — 08:25
2. 8.25pm — 20:25
3. 9.35pm — 21:35
4. 3.45am — 03:45
5. 11.05am — 11:05
6. 2.20pm — 14:20
7. 6.55am — 06:55
8. 1.15pm — 13:15
9. 4.00am — 16:00
10. 10.40pm — 22:40
11. 2.00pm — 14:00
12. 5.10pm
13. 7.35am
14. 9.50am
15. 1.15pm
16. 4.05pm

Remember! Always 4 digits.

Exercise 8b

Change to 12hr clock time (either am or pm).

1. 03:15 — 3.15am
2. 16:20 — 4.20pm
3. 22:45 — 10:45pm
4. 13:10 — 1.10pm
5. 09:35
6. 11:50
7. 15:20
8. 07:05
9. 14:40
10. 05:25
11. 20:55
12. 08:00
13. 19:15
14. 23:30
15. 10:05
16. 21:35

Exercise 9a

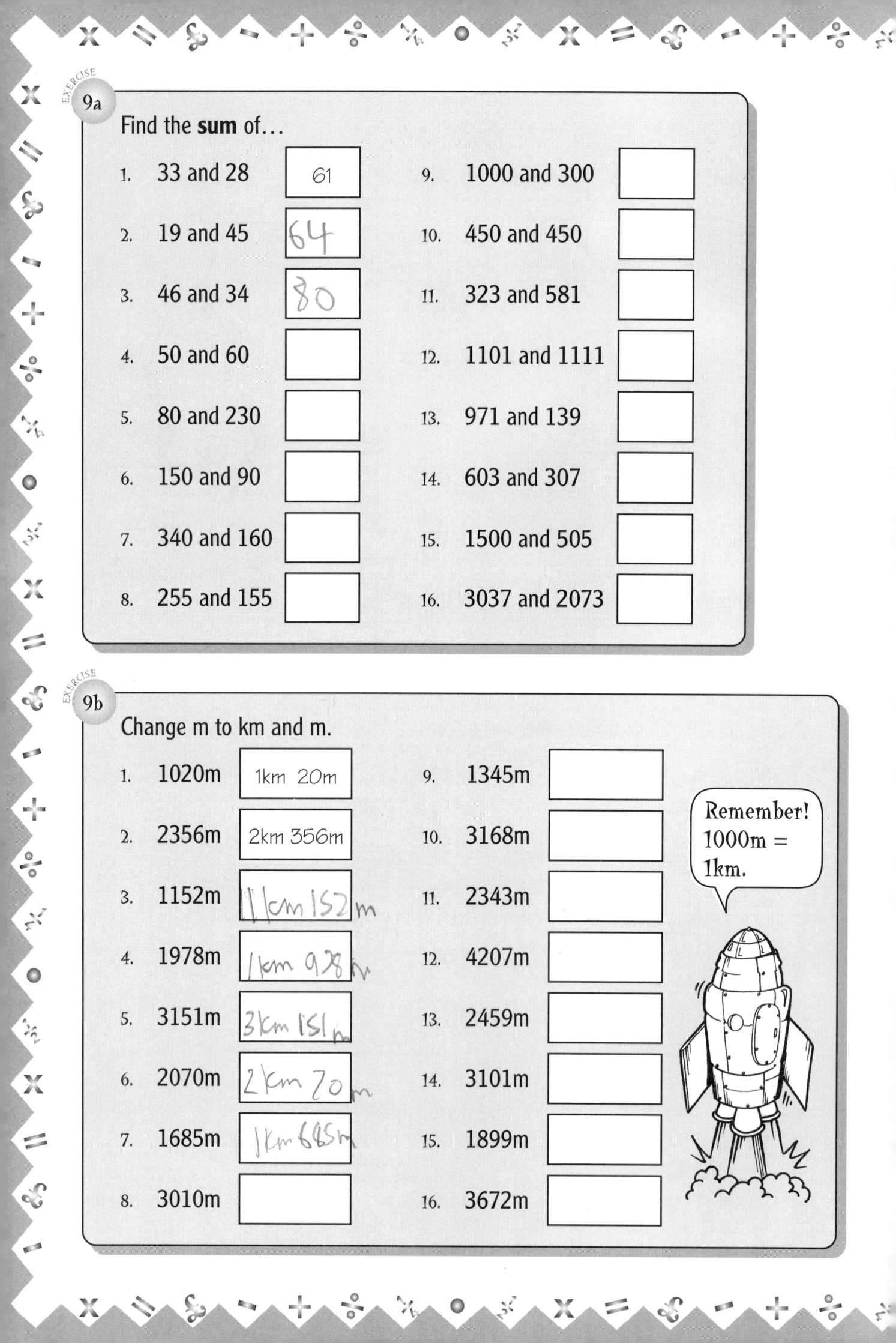

Find the **sum** of...

1. 33 and 28 — 61
2. 19 and 45 — 64
3. 46 and 34 — 80
4. 50 and 60
5. 80 and 230
6. 150 and 90
7. 340 and 160
8. 255 and 155
9. 1000 and 300
10. 450 and 450
11. 323 and 581
12. 1101 and 1111
13. 971 and 139
14. 603 and 307
15. 1500 and 505
16. 3037 and 2073

Exercise 9b

Change m to km and m.

1. 1020m — 1km 20m
2. 2356m — 2km 356m
3. 1152m — 1km 152m
4. 1978m — 1km 978m
5. 3151m — 3km 151m
6. 2070m — 2km 70m
7. 1685m — 1km 685m
8. 3010m
9. 1345m
10. 3168m
11. 2343m
12. 4207m
13. 2459m
14. 3101m
15. 1899m
16. 3672m

Remember! 1000m = 1km.

Exercise 10a

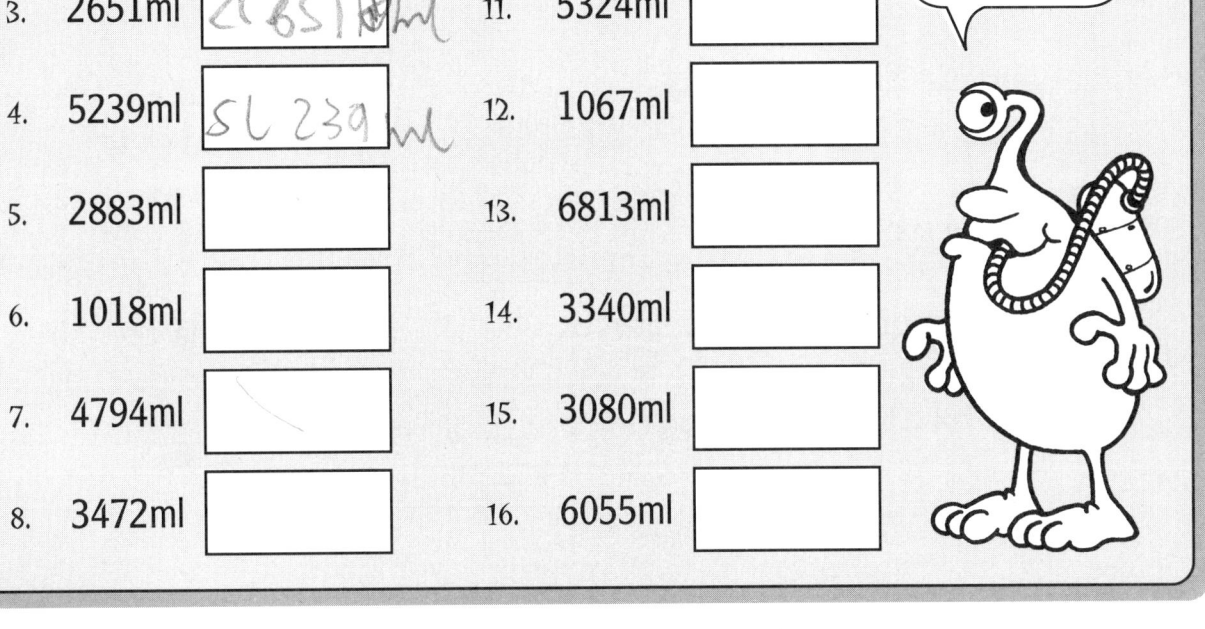

Change to kg. Remember to put in a decimal point.

1. 2615g → 2.615kg
2. 1078g → 1.078kg
3. 3371g → 3.371kg
4. 2827g → 2.827kg
5. 1496g → 1.496kg
6. 4936g →
7. 2143g →
8. 3589g →
9. 1254g →
10. 3630g →
11. 2317g →
12. 4963g →
13. 1548g →
14. 3195g →
15. 3821g →
16. 2489g →

Remember! 1000g = 1kg.

Exercise 10b

Write as l and ml.

1. 3025ml → 3l 25ml
2. 4367ml → 4l 367ml
3. 2651ml → 2l 651ml
4. 5239ml → 5l 239ml
5. 2883ml →
6. 1018ml →
7. 4794ml →
8. 3472ml →

Write as litres.

9. 3042ml → 3.042l
10. 4493ml → 4.493l
11. 5324ml →
12. 1067ml →
13. 6813ml →
14. 3340ml →
15. 3080ml →
16. 6055ml →

Remember! 1000ml = 1 litre.

Exercise 11a

Work out the brackets then finish the sum. Like this: (2+1) × (2+5) = 3 × 7 = 21.

1. (5–3) × (7+4) = 22
2. (4×5) + (6×5) = 50
3. (2×9) – (3×6) = 0
4. (1–1) × (9×6) =
5. (9×8) + (4×7) =
6. (9×5) + (5×5) =
7. (8÷2) – (6÷6) =
8. (7+6) × (2×0) =
9. (8÷2) × (5–3) =
10. (6+6) ÷ (6÷2) =
11. (7–0) + (5×0) =
12. (3×7) – (6+5) =
13. (7×8) – (0×8) =
14. (2×8) + (4×4) =
15. (9–2) × (1×8) =
16. (6×4) ÷ (9–1) =

Exercise 11b

1. 17 + 15 + 23 + 25 = 80
2. 29 + 11 + 16 + 34 = 90
3. 12 + 15 + 35 + 18 =
4. 16 + 13 + 14 + 27 =
5. 11 + 25 + 25 + 19 =

Now try these special ones!

6. 24 + 18 + 11 + 16 + 12 + 19 =
7. 19 + 27 + 15 + 21 + 25 + 13 =
8. 18 + 16 + 24 + 23 + 12 + 17 =

Remember to make tens with the unit figures first, then add the tens together.

Exercise 12a

Use these facts to help you: 4 × 25 = 100, 4 × 250 = 1000.

1. 5 × 25 = 125
2. 6 × 25 = 150
3. 8 × 25 = 200
4. 12 × 25 = 300
5. 16 × 25 =
6. 17 × 25 =
7. 20 × 25 =
8. 22 × 25 =

9. 4 × 250 = 1000
10. 5 × 250 =
11. 6 × 250 =
12. 7 × 250 =
13. 8 × 250 =
14. 12 × 250 =
15. 16 × 250 =
16. 18 × 250 =

Remember that 8, 12, 16 and 20 all divide by 4.

Exercise 12b

Look! 32 ÷ 2 = 16, so…

1. 16 × 2 = 32
2. What percentage of 32 is 16? 2050
3. 32 − 16 − 16 =
4. 16 + 16 =
5. 32 divided by 16 =
6. How many times can 2 be taken from 32?
7. $\frac{1}{2}$ of 32 =
8. Double 16 =

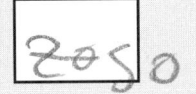

Now I can do... (1)

1. 4 cost £0.88, 2 will cost [0.44]
2. 7 cost £1.61, 2 will cost [0.46]
3. 50% of £58 = [29]
4. 25% of 816 = [204]
5. 7 [−] 7 = 1
6. 25 [+] 16 = 41
7. 1hr 52mins = [112] mins
8. 04:35 to 05:15 = [40] mins
9. 36 + 59 + 24 = [119]

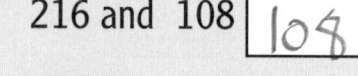

10. The difference between 216 and 108 [108]
11. The product of 13 and 6 [78]
12. 37 + 39 + 11 + 13 = [100]
13. 3.45am = [3.45] (24hr clock)
14. 8.20pm = [20:20] (24hr clock)
15. 3010m = [3] km [10] m
16. 3509g = [3] . [509] kg
17. (9 × 5) + (5 × 5) = [670]
18. (7 + 8) × (21 − 17) = [60]

I scored [17] out of 18 in this test.

I am:
very pleased ☐
pleased ✓
not very pleased ☐

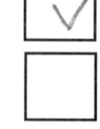

Answers

Dear Parent/Carer
This is not a teaching book. It is a practice book. While working through this book, your child should be practising mental maths that she or he has already learned how to do, and so should not need much help from you. If your child does get stuck, handy hints are scattered across the practice pages.

The answers to the exercises and review tests are provided in this section. You may like to pull out these middle pages, so your child can only use them after trying each exercise. Keep them safely! Correct the exercises together. This will allow you to celebrate improvement, or to see where your child may be having difficulties.

If you feel you can suggest other ways to do the maths, try not to confuse your child with a method that is too different from the one that she or he has been taught in school.

Fill in the progress chart together, then display the certificate when your child has completed the book. Have fun practising mental maths!

EXERCISE 1a
1. 4p
2. 5p
3. 10p
4. 9p
5. 7p
6. 9p
7. 11p
8. 8p
9. 16p
10. 12p
11. 50p
12. 30p
13. 30p
14. 40p
15. 50p
16. £1.10

EXERCISE 1b
1. 10p
2. 8p
3. 10p
4. 18p
5. 24p
6. £2.00
7. 60p
8. £1.00
9. 18p
10. 14p
11. 64p
12. £1.00
13. 80p
14. 82p
15. 24p
16. 64p

EXERCISE 2a
1. ×
2. +
3. ÷
4. ÷
5. −
6. ×
7. ×
8. ÷
9. −
10. −
11. −
12. ×
13. ÷
14. +
15. ÷
16. −

EXERCISE 2b
1. ×
2. −
3. ÷
4. ÷
5. +
6. ×
7. −
8. ÷
9. ÷
10. −
11. +
12. ×
13. ÷
14. +
15. ×
16. ÷

EXERCISE 3a
1. 40
2. 75
3. 28
4. 119
5. £6.00
6. £37
7. £1.60
8. £4.70
9. 6
10. 100
11. 18
12. 34
13. £4.00
14. £23
15. 66p
16. £3.07

EXERCISE 3b
1. 15
2. 6
3. 30
4. 9
5. 60
6. 27
7. 12
8. 24
9. 36
10. 63
11. 90
12. 750
13. £33
14. £9.30
15. £150
16. £66

EXERCISE 4a
1. 70mins
2. 100mins
3. 110mins
4. 85mins
5. 95mins
6. 115mins
7. 87mins
8. 104mins
9. 65mins
10. 120mins
11. 140mins
12. 150mins
13. 132mins
14. 148mins
15. 180mins
16. 200mins

EXERCISE 4b
1. 25mins
2. 35mins
3. 10mins
4. 30mins
5. 25mins
6. 55mins
7. 40mins
8. 40mins
9. 40mins
10. 35mins
11. 10mins
12. 30mins
13. 45mins
14. 50mins
15. 45mins
16. 65mins

EXERCISE 5a
1. 1:05
2. 1:10
3. 1:10
4. 2:00
5. 1:30
6. 1:30
7. 1:30
8. 2:25
9. 1:20
10. 1:35
11. 1:05
12. 2:05
13. 2:20
14. 1:25
15. 2:10
16. 1:20

EXERCISE 5b
1. 9
2. 10
3. 31
4. 11
5. 250
6. 300
7. 900
8. 250
9. 101
10. 1111
11. 2222
12. 1000
13. 1001
14. 1
15. 102
16. 203

EXERCISE 6a
1. 100
2. 100
3. 110
4. 400
5. 75
6. 144
7. 48
8. 0
9. 300
10. 600
11. 202
12. 70
13. 54
14. 1000
15. 2500
16. 1600

EXERCISE 6b
1. 130
2. 170
3. 125
4. 115
5. 172
6. 200
7. 100
8. 90
9. 500
10. 300
11. 1000
12. 1000
13. 400
14. 300
15. 700
16. 1000

EXERCISE 7a
1. 1h 5mins
2. 1h 20mins
3. 1h 40mins
4. 1h 15mins
5. 1h 30mins
6. 1h 45mins
7. 1h 25mins
8. 1h 35mins
9. 1h 55mins
10. 1h 50mins
11. 2 hours
12. 1h 10mins
13. 2h 10mins
14. 2h 25mins
15. 2h 5mins
16. 2h 15mins

EXERCISE 7b
1. 70 mins
2. 100 mins
3. 65 mins
4. 110 mins
5. 75 mins
6. 80 mins
7. 145 mins
8. 115 mins
9. 125 mins
10. 160 mins
11. 95 mins
12. 180 mins
13. 175 mins
14. 105 mins
15. 210 mins
16. 170 mins

EXERCISE 8a
1. 08:25
2. 20:25
3. 21:35
4. 03:45
5. 11:05
6. 14:20
7. 06:55
8. 13:15
9. 04:00
10. 22:40
11. 14:00
12. 17:10
13. 07:35
14. 09:50
15. 13:15
16. 16:05

EXERCISE 8b
1. 3.15am
2. 4.20pm
3. 10.45pm
4. 1.10pm
5. 9.35am
6. 11.50am
7. 3.20pm
8. 7.05am
9. 2.20pm
10. 5.25am
11. 8.55pm
12. 8.00am
13. 7.15pm
14. 11.30pm
15. 10.05am
16. 9.35pm

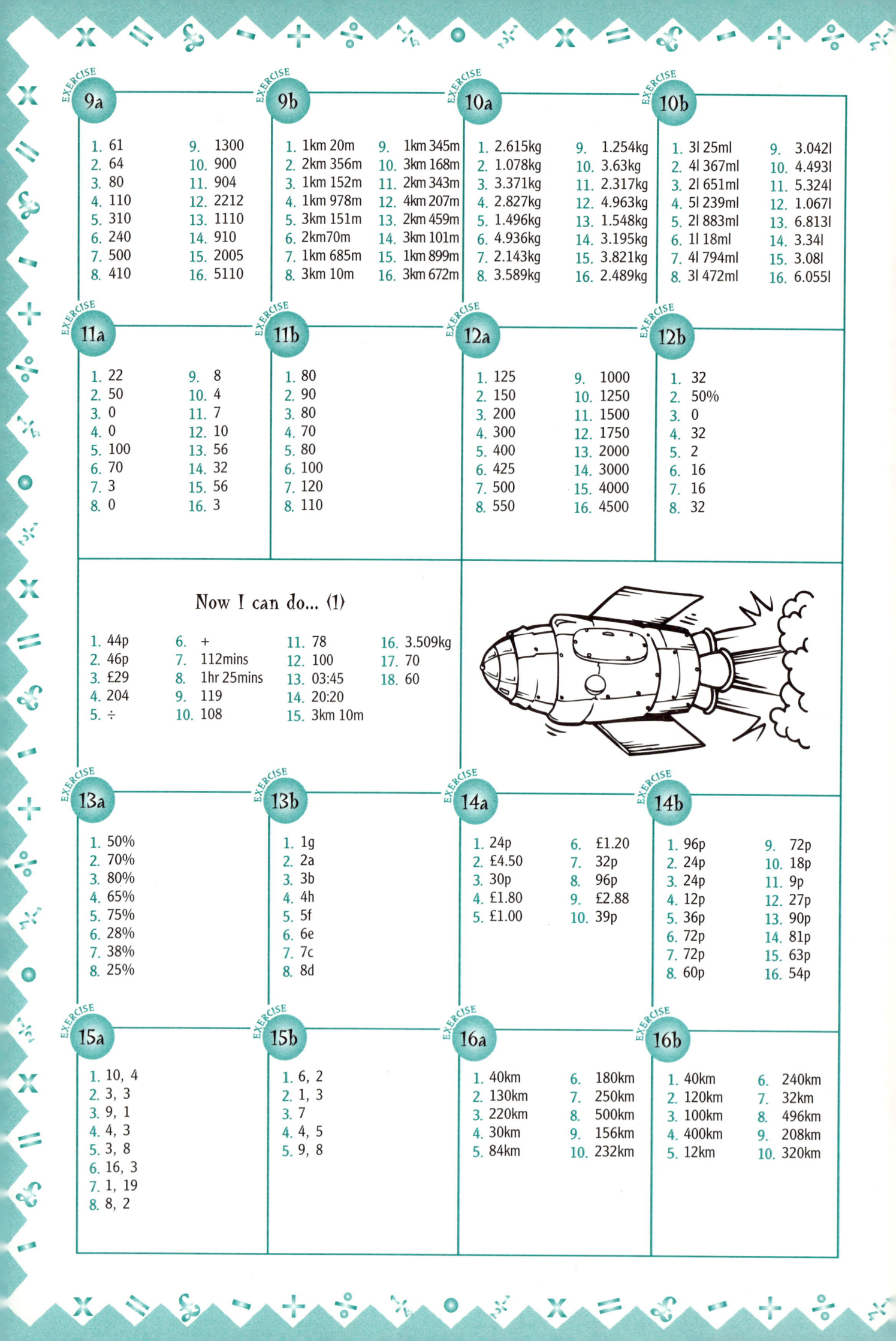

EXERCISE 9a
1. 61
2. 64
3. 80
4. 110
5. 310
6. 240
7. 500
8. 410
9. 1300
10. 900
11. 904
12. 2212
13. 1110
14. 910
15. 2005
16. 5110

EXERCISE 9b
1. 1km 20m
2. 2km 356m
3. 1km 152m
4. 1km 978m
5. 3km 151m
6. 2km 70m
7. 1km 685m
8. 3km 10m
9. 1km 345m
10. 3km 168m
11. 2km 343m
12. 4km 207m
13. 2km 459m
14. 3km 101m
15. 1km 899m
16. 3km 672m

EXERCISE 10a
1. 2.615kg
2. 1.078kg
3. 3.371kg
4. 2.827kg
5. 1.496kg
6. 4.936kg
7. 2.143kg
8. 3.589kg
9. 1.254kg
10. 3.63kg
11. 2.317kg
12. 4.963kg
13. 1.548kg
14. 3.195kg
15. 3.821kg
16. 2.489kg

EXERCISE 10b
1. 3l 25ml
2. 4l 367ml
3. 2l 651ml
4. 5l 239ml
5. 2l 883ml
6. 1l 18ml
7. 4l 794ml
8. 3l 472ml
9. 3.042l
10. 4.493l
11. 5.324l
12. 1.067l
13. 6.813l
14. 3.34l
15. 3.08l
16. 6.055l

EXERCISE 11a
1. 22
2. 50
3. 0
4. 0
5. 100
6. 70
7. 3
8. 0
9. 8
10. 4
11. 7
12. 10
13. 56
14. 32
15. 56
16. 3

EXERCISE 11b
1. 80
2. 90
3. 80
4. 70
5. 80
6. 100
7. 120
8. 110

EXERCISE 12a
1. 125
2. 150
3. 200
4. 300
5. 400
6. 425
7. 500
8. 550
9. 1000
10. 1250
11. 1500
12. 1750
13. 2000
14. 3000
15. 4000
16. 4500

EXERCISE 12b
1. 32
2. 50%
3. 0
4. 32
5. 2
6. 16
7. 16
8. 32

Now I can do... (1)
1. 44p
2. 46p
3. £29
4. 204
5. ÷
6. +
7. 112mins
8. 1hr 25mins
9. 119
10. 108
11. 78
12. 100
13. 03:45
14. 20:20
15. 3km 10m
16. 3.509kg
17. 70
18. 60

EXERCISE 13a
1. 50%
2. 70%
3. 80%
4. 65%
5. 75%
6. 28%
7. 38%
8. 25%

EXERCISE 13b
1. 1g
2. 2a
3. 3b
4. 4h
5. 5f
6. 6e
7. 7c
8. 8d

EXERCISE 14a
1. 24p
2. £4.50
3. 30p
4. £1.80
5. £1.00
6. £1.20
7. 32p
8. 96p
9. £2.88
10. 39p

EXERCISE 14b
1. 96p
2. 24p
3. 24p
4. 12p
5. 36p
6. 72p
7. 72p
8. 60p
9. 72p
10. 18p
11. 9p
12. 27p
13. 90p
14. 81p
15. 63p
16. 54p

EXERCISE 15a
1. 10, 4
2. 3, 3
3. 9, 1
4. 4, 3
5. 3, 8
6. 16, 3
7. 1, 19
8. 8, 2

EXERCISE 15b
1. 6, 2
2. 1, 3
3. 7
4. 4, 5
5. 9, 8

EXERCISE 16a
1. 40km
2. 130km
3. 220km
4. 30km
5. 84km
6. 180km
7. 250km
8. 500km
9. 156km
10. 232km

EXERCISE 16b
1. 40km
2. 120km
3. 100km
4. 400km
5. 12km
6. 240km
7. 32km
8. 496km
9. 208km
10. 320km

Exercise 17a
1. 160km
2. 40km
3. 200km
4. 120km
5. 20km
6. 60km
7. 240km
8. 260km
9. 220km
10. 420km

Exercise 17b
1. 30mins, 20km
2. 1h, 40km
3. 1½h, 60km
4. 15min, 10km
5. 1¼h, 50km
6. 2h, 80km
7. 2½h, 100km
8. ¾h, 30km
9. 2¾h, 110km
10. 1¾h, 70km

Exercise 18a
1. 11:40
2. 14:00
3. 05:10
4. 19:20
5. 10:30
6. 20:15
7. 23:40
8. 01:00
9. 06:50
10. 15:05
11. 23:25
12. 07:45
13. 15:50
14. 01:55
15. 18:15
16. 06:35

Exercise 18b
1. £3.20
2. 80p
3. £4.80
4. 40p
5. £1.20
6. £2.40
7. £4.00
8. £5.60
9. £2.00
10. £2.80
11. £3.60
12. £4.40

Exercise 19a
Any four factors of each number.
1. 16
2. 20
3. 32
4. 24
5. 54
6. 60
7. 48
8. 39
9. 68
10. 57
11. 30
12. 42

Exercise 19b
1. 3
2. 2
3. 3
4. 2
5. 5
6. 7
7. 3
8. 7
9. 5
10. 7
11. 3
12. 3

Exercise 20a
1. 250g
2. 1.5kg
3. 350g
4. ½kg
5. 1.75kg
6. 1450g
7. 1.15kg
8. 0.9kg
9. 1.25kg
10. 550g
11. 0.75kg
12. 1675g
13. 1¼kg
14. 925g
15. 1.905kg
16. 0.95kg

Exercise 20b
1. 500ml
2. 250ml
3. 2.5l
4. 1500ml
5. 200ml
6. 2500ml
7. 2¼l
8. 1.5l
9. 100ml
10. 2.75l
11. 1¾l
12. 875ml
13. 1950ml
14. 0.9l
15. 250ml
16. 2250ml

Exercise 21a
1. £3.50
2. 3.25kg
3. 2m
4. 6.5km
5. 3.75l
6. 3km
7. £4.00
8. 4.5kg

Exercise 21b
1. 1, 2, 3
2. 6, 7, 8
3. 3, 4, 5
4. 6, 7, 8
5. 9, 8, 7
6. 7, 8, 9

Exercise 22a
1. 6
2. 12
3. 15
4. 24
5. 21
6. 18
7. 28
8. 72

Exercise 22b
1. 20
2. 30
3. 18
4. 6
5. 36
6. 12
7. 27
8. 35
9. 14
10. 42
11. 24
12. 20
13. 30
14. 56
15. 40
16. 12

Exercise 23a
1. 200
2. 500
3. 500
4. 700
5. 800
6. 300
7. 400
8. 700
9. 3000
10. 5000
11. 9000
12. 3000
13. 7000
14. 2000
15. 7000
16. 4000

Exercise 23b
1. 0.4, 0.5
2. 0.8, 0.7
3. 51, 45
4. 100, 66
5. 27, 81
6. 6, 7.5
7. 1, 0.5
8. 36, 49

Exercise 24a
1. 128, 256
2. 96, 192
3. 224, 448
4. 192, 384
5. 50, 25
6. 16, 8
7. 52, 26
8. 176, 88

Exercise 24b
1. 1.21, 1.19
2. 1, 1.3
3. 49, 36
4. 56, 28
5. 456, 567
6. 13, 21
7. 23, 28
8. 120, 108

Exercise 25a
1. 99
2. 140
3. 35
4. 160
5. 160
6. 199
7. 301
8. 4400
9. 1700
10. 270
11. 75
12. 6800
13. 299
14. 800
15. 450
16. 119

Exercise 25b
1. 72
2. 0
3. 1km 967m
4. 2.053kg
5. 100
6. 100
7. 15
8. 2000
9. 1025
10. 1293
11. 3001
12. 599
13. 590
14. 144
15. 100
16. 2901

Now I can do... (2)
1. 50%
2. 25%
3. 66p
4. £3.00
5. 80
6. 270
7. 390
8. 8 or 2
9. 300
10. 5000
11. 12
12. 128, 256
13. 81
14. 15:10
15. 1kg 550g
16. 1¾l
17. 3000
18. 1001

Let's learn at home

Certificate

This is to certify

_____

has successfully completed a
Mental Maths Practice!

Exercise 13a

Write these fractions as hundredths, then as percentages.

1. $\frac{1}{2}$ = $\frac{50}{100}$ = 50%

2. $\frac{7}{10}$ = $\frac{70}{100}$ = ☐

3. $\frac{4}{5}$ = ☐ = 80%

4. $\frac{13}{20}$ = ☐ = ☐

5. $\frac{3}{4}$ = ☐ = ☐

6. $\frac{7}{25}$ = ☐ = ☐

7. $\frac{19}{50}$ = ☐ = ☐

8. $\frac{1}{4}$ = ☐ = ☐

Exercise 13b

Find the equal pairs and draw a line to join them.

1. 0.1   a. $\frac{1}{2}$
2. 0.5   b. $\frac{1}{5}$
3. 0.2   c. $\frac{17}{100}$
4. 0.7   d. $\frac{3}{4}$
5. 0.25   e. $\frac{7}{100}$
6. 0.07   f. $\frac{1}{4}$
7. 0.17   g. $\frac{1}{10}$
8. 0.75   h. $\frac{7}{10}$

There are some 'tricky' ones, so be careful!

EXERCISE 14a

1. If 3 cost 12p, 6 will cost — 24p
2. If 2 cost £2.25, 4 will cost
3. If 5 cost £1.50, 1 will cost
4. If 5 cost £1.50, 6 will cost
5. If 4 cost £0.80, 5 will cost
6. If 8 cost £1.60, 6 will cost
7. If 6 cost £0.96, 2 will cost
8. If 9 cost £2.88, 3 will cost

Sometimes it's easier to find the cost of 1 first – but not always!

EXERCISE 14b

Find the cost of the following if 1kg costs 48p:

1. 2kg — 96p
2. Half a kg
3. 500g
4. 250g
5. 750g
6. $1\frac{1}{2}$ kg
7. 1.5kg
8. 1250g

Find the cost if 1kg costs 36p:

9. 2kg — 72p
10. 500g
11. 250g
12. 750g
13. $2\frac{1}{2}$ kg
14. 2250g
15. $1\frac{3}{4}$ kg
16. 1.5kg

Remember! 1000g = 1kg and 500g = $\frac{1}{2}$ kg.

EXERCISE 15a

Find 2 numbers that have…

1. a total of 14 and a difference of 6   [10 4]
2. a total of 6 and a product of 9
3. a difference of 8 and a total of 10
4. a product of 12 and a difference of 1
5. a difference of 5 and a product of 24
6. a product of 48 and a difference of 13
7. a total of 20 and a difference of 18
8. a difference of 6 and a product of 16

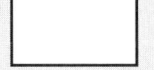

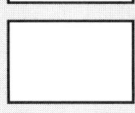

Remember! To find the difference you subtract.
To find the product you multiply.

EXERCISE 15b

Put the numbers 1, 2, 3, 4, 5, 6, 7, 8 and 9 in these spaces.
Use each number only once.

1. 8 − ☐ = ☐
2. ☐ + ☐ = 4
3. 6 + ☐ = 13
4. ☐ + ☐ = 9
5. ☐ + ☐ = 17

Start with questions 3 and 5.

Exercise 16a

How far would you travel in an hour if you went...

1. 20km in 30mins = 40km
2. 65 km in 30mins =
3. 110 km in 30mins =
4. 15km in 30mins =
5. 42km in 30mins =
6. 90km in 30mins =
7. 125km in 30mins =
8. 250km in 30mins =
9. 78km in 30mins =
10. 116km in 30mins =

Think! Twice the time will equal twice the distance.

Exercise 16b

How far would you travel in an hour if you went...

1. 10km in 15mins = 40km
2. 30km in 15mins =
3. 25km in 15mins =
4. 100km in 15mins =
5. 3km in 15mins =
6. 60km in 15mins =
7. 8km in 15mins =
8. 124km in 15mins =
9. 52km in 15mins =
10. 80 km in 15mins =

4 times the time will equal 4 times the distance.

Exercise 17a

A car travels 80km in one hour. How far in…?

1. 2 hours — 160km
2. half an hour
3. two and a half hours
4. $1\frac{1}{2}$ hours
5. 15 minutes
6. 45 minutes
7. 3 hours
8. 3 hours 15 minutes
9. $2\frac{3}{4}$ hours
10. $5\frac{1}{4}$ hours

Exercise 17b

A car travels at 40km an hour. How far will it travel between…? Work out the time taken first.

		Time	Distance
1.	09:00 and 09:30	30mins	20km
2.	11:00 and 12:00		
3.	13:10 and 14:40		
4.	07:25 and 07:40		
5.	14:20 and 15:35	$1\frac{1}{4}$ hours	
6.	23:00 and 01:00		
7.	06:00 and 08:30		
8.	04:00 and 04:45		
9.	07:10 and 09:55		
10.	16:30 and 18:15		

Exercise 18a

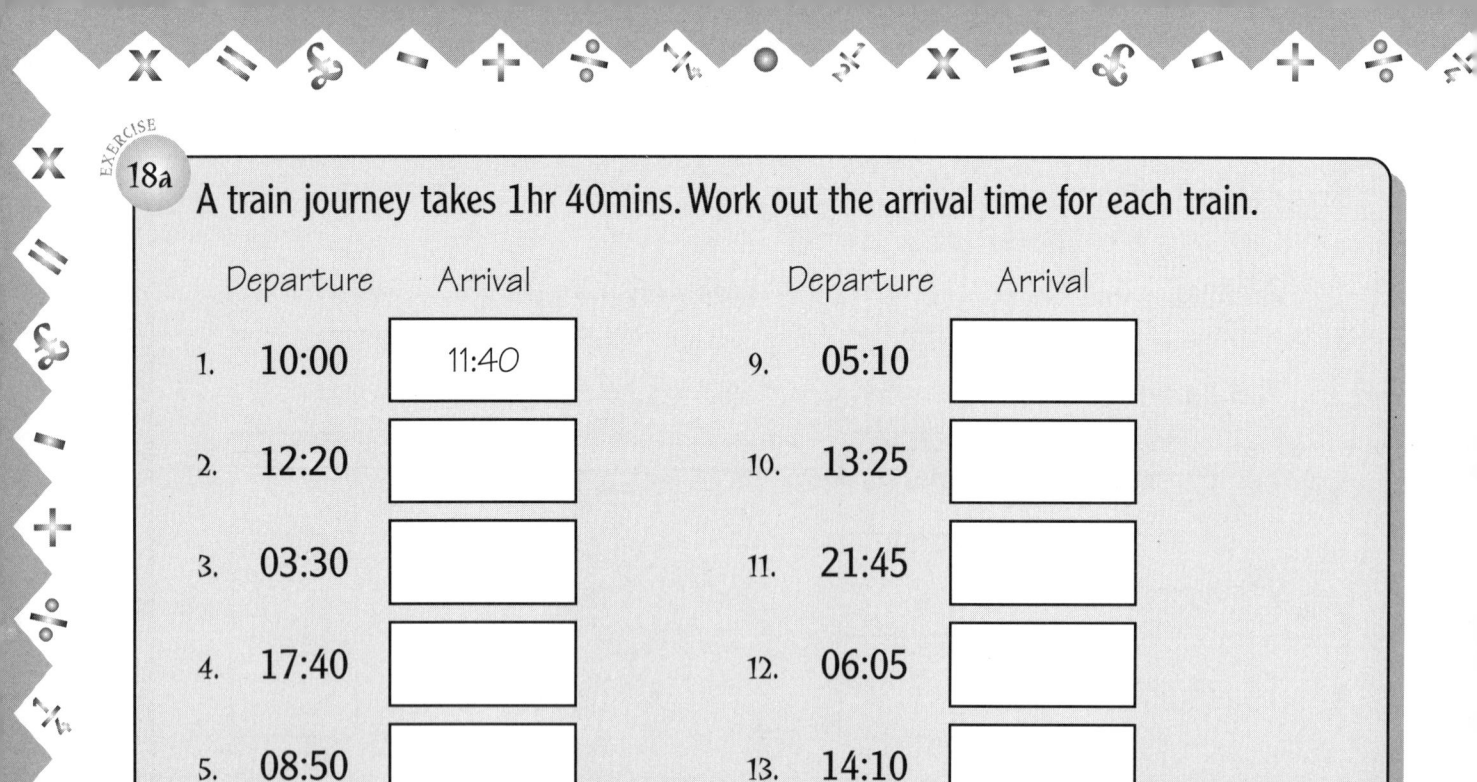

A train journey takes 1hr 40mins. Work out the arrival time for each train.

#	Departure	Arrival	#	Departure	Arrival
1.	10:00	11:40	9.	05:10	
2.	12:20		10.	13:25	
3.	03:30		11.	21:45	
4.	17:40		12.	06:05	
5.	08:50		13.	14:10	
6.	18:35		14.	00:15	
7.	22:00		15.	16:35	
8.	23:20		16.	04:55	

Exercise 18b

If 1kg costs £1.60, work out the prices for...

#	Weight	Price	#	Weight	Price
1.	2kg	£3.20	7.	2.5kg	
2.	half a kg		8.	3.5kg	
3.	3kg		9.	1250g	
4.	0.25kg		10.	1750g	
5.	0.75kg		11.	2250g	
6.	1.5kg		12.	2750g	

Remember!
$0.5 = \frac{1}{2}$
$0.25 = \frac{1}{4}$
$0.75 = \frac{3}{4}$

EXERCISE 19a

A **factor** will divide exactly into another number.

2, 6, 3, 4, 1 and 12 are factors of 12. Write four factors of each number.

1. 16 — 8 4 2 16
2. 20
3. 32
4. 24
5. 54
6. 60
7. 48
8. 39
9. 68
10. 57
11. 30
12. 42

If a number is an even number it will have 2 as a factor.

EXERCISE 19b

Write a factor that is 'common' to both numbers. (You are not allowed to use 1.)

1. 12 and 9 — 3
2. 4 and 6 — 2
3. 18 and 15
4. 16 and 10
5. 30 and 55
6. 49 and 28
7. 24 and 15
8. 21 and 56
9. 60 and 25
10. 35 and 63
11. 33 and 42
12. 15 and 81

Exercise 20a

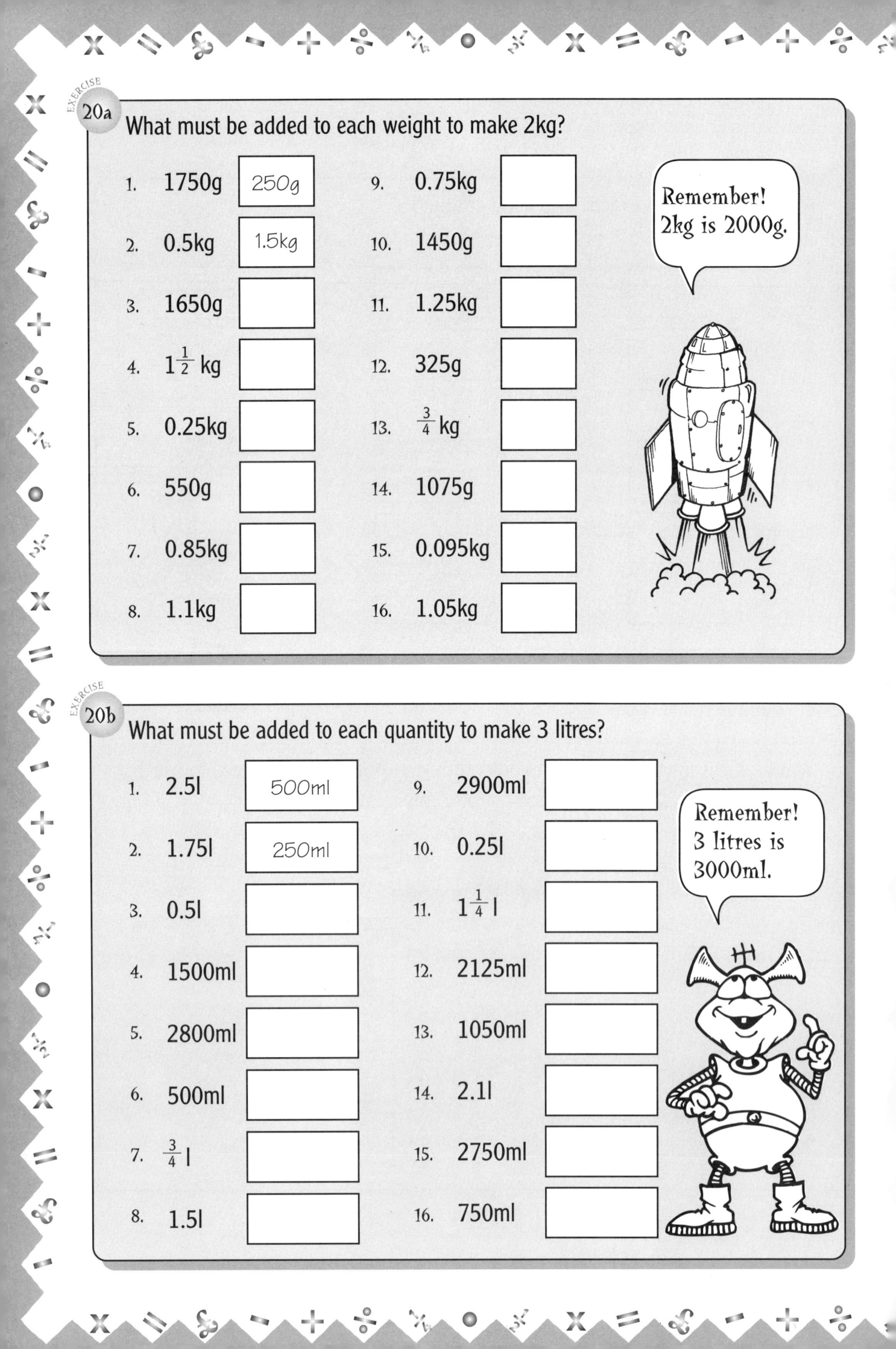

What must be added to each weight to make 2kg?

1. 1750g — 250g
2. 0.5kg — 1.5kg
3. 1650g
4. $1\frac{1}{2}$ kg
5. 0.25kg
6. 550g
7. 0.85kg
8. 1.1kg
9. 0.75kg
10. 1450g
11. 1.25kg
12. 325g
13. $\frac{3}{4}$ kg
14. 1075g
15. 0.095kg
16. 1.05kg

Remember! 2kg is 2000g.

Exercise 20b

What must be added to each quantity to make 3 litres?

1. 2.5l — 500ml
2. 1.75l — 250ml
3. 0.5l
4. 1500ml
5. 2800ml
6. 500ml
7. $\frac{3}{4}$ l
8. 1.5l
9. 2900ml
10. 0.25l
11. $1\frac{1}{4}$ l
12. 2125ml
13. 1050ml
14. 2.1l
15. 2750ml
16. 750ml

Remember! 3 litres is 3000ml.

Exercise 21a

1. £1.56 + 44p + 150p =
2. 1.450kg + 550g + 1250g =
3. 1.5m + 5cm + 0.45m =
4. 2000m + 1km + 3.5km =
5. 3l + 500ml + 0.25l =
6. 1000m + 1.75km + 250m =
7. 250p + £0.03 + £1.47 =
8. 650g + 2.35kg + 1500g =

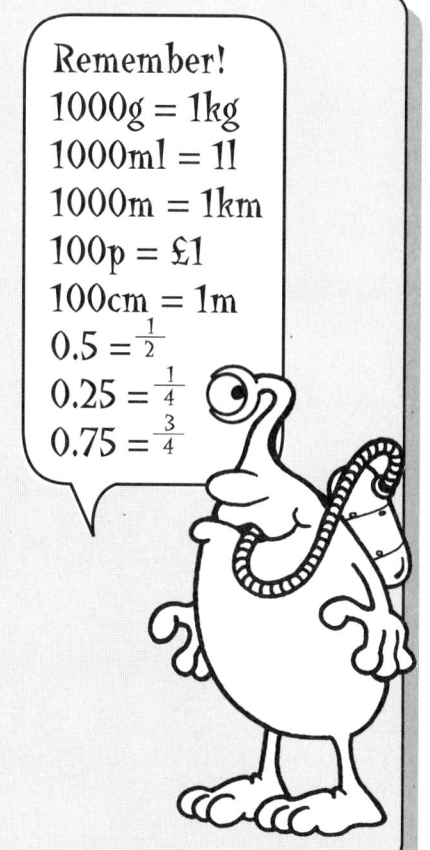

Remember!
1000g = 1kg
1000ml = 1l
1000m = 1km
100p = £1
100cm = 1m
$0.5 = \frac{1}{2}$
$0.25 = \frac{1}{4}$
$0.75 = \frac{3}{4}$

Exercise 21b

Consecutive numbers are 'next' to each other, such as:
1 2 3 4 or 8 9 10 11 or 10 9 8 7 6.
Find three consecutive numbers to complete each number sentence.

1. [1] + [2] − [3] = 0
2. [ ] × [ ] + [ ] = 50
3. [ ] × [ ] − [ ] = 7
4. [ ] × [ ] − [ ] = 34
5. [ ] + [ ] − [ ] = 10
6. [ ] + [ ] + [ ] = 24

Exercise 22a

Find the smallest number that both numbers will divide into (that is, the smallest **multiple** of both numbers).

1. 3 and 2   — 6
2. 4 and 3
3. 5 and 3
4. 6 and 8
5. 3 and 7
6. 9 and 6
7. 7 and 4
8. 9 and 8

Think! 4 and 6 both divide into 12.

Exercise 22b

Find the smallest multiple of:

1. 5 and 4
2. 6 and 5
3. 2 and 9
4. 6 and 3
5. 9 and 4
6. 4 and 6
7. 3 and 9
8. 7 and 5
9. 7 and 2
10. 6 and 7
11. 3 and 8
12. 10 and 4
13. 6 and 10
14. 7 and 8
15. 5 and 8
16. 12 and 6

Exercise 23a

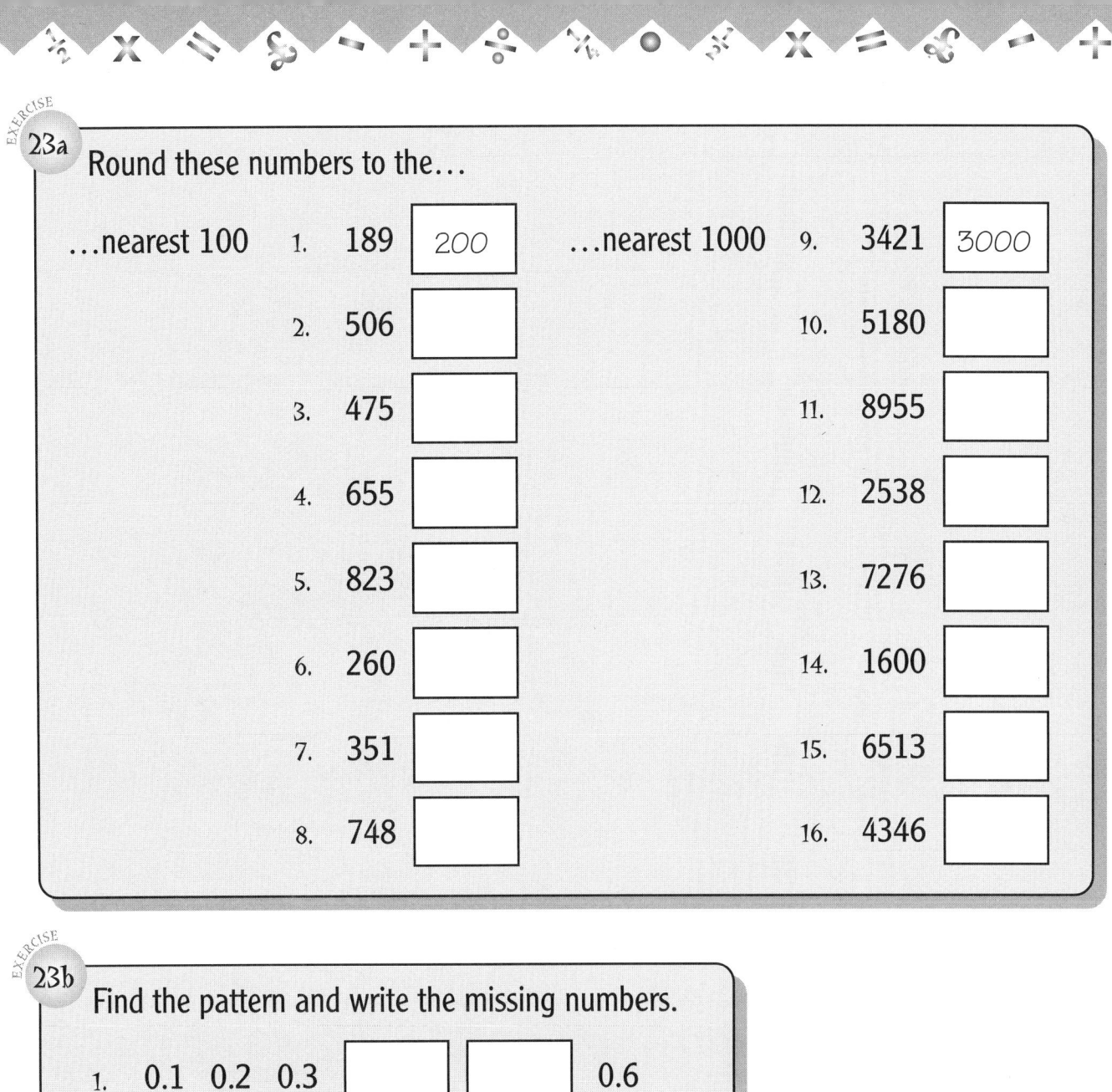

Round these numbers to the…

…nearest 100
1. 189 [200]
2. 506
3. 475
4. 655
5. 823
6. 260
7. 351
8. 748

…nearest 1000
9. 3421 [3000]
10. 5180
11. 8955
12. 2538
13. 7276
14. 1600
15. 6513
16. 4346

Exercise 23b

Find the pattern and write the missing numbers.

1. 0.1 0.2 0.3 [ ] [ ] 0.6
2. 1.2 1.1 1 0.9 [ ] [ ]
3. 65 63 60 56 [ ] [ ]
4. [ ] 90 81 73 [ ] 60
5. 1 3 9 [ ] [ ] 243
6. 1.5 3 4.5 [ ] [ ] 9
7. 16 8 4 2 [ ] [ ]
8. 1 4 9 16 25 [ ] [ ]

24a

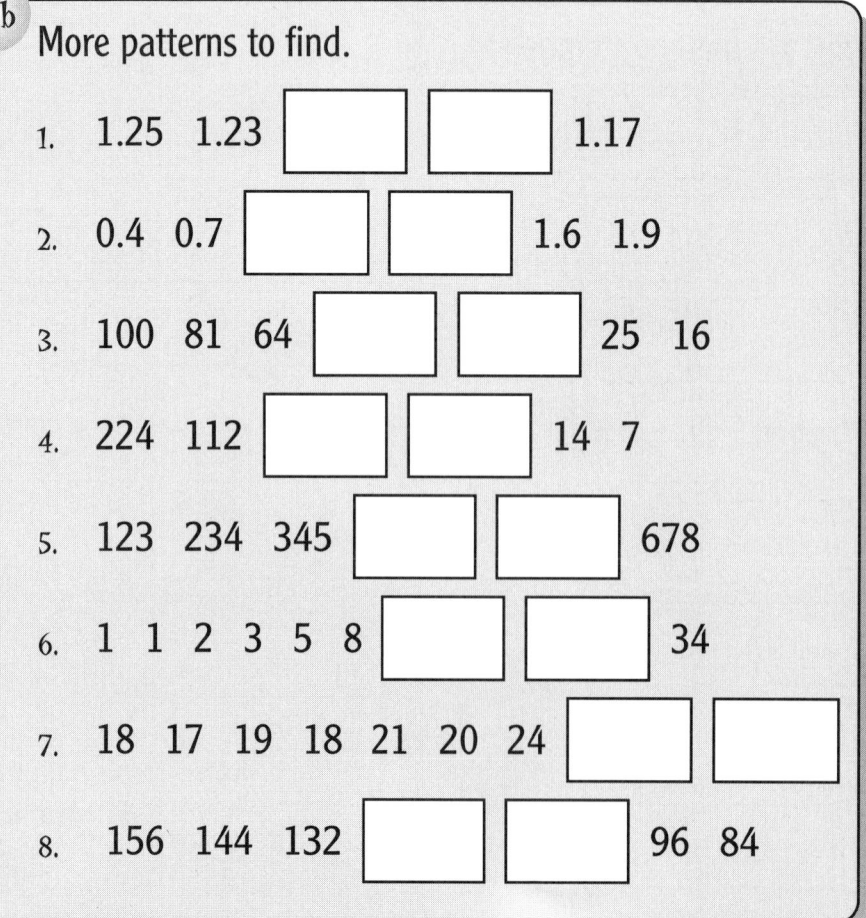

Write in the missing numbers.

Watch out for numbers being doubled or halved.

1. 4   8   16   32   64   ☐   ☐
2. 3   6   12   24   48   ☐   ☐
3. 7   14   28   56   112   ☐   ☐
4. 6   12   24   48   96   ☐   ☐
5. 800   400   200   100   ☐   ☐
6. 256   128   64   32   ☐   ☐
7. 416   208   104   ☐   ☐
8. 352   ☐   ☐   44   22   11

24b

More patterns to find.

1. 1.25   1.23   ☐   ☐   1.17
2. 0.4   0.7   ☐   ☐   1.6   1.9
3. 100   81   64   ☐   ☐   25   16
4. 224   112   ☐   ☐   14   7
5. 123   234   345   ☐   ☐   678
6. 1   1   2   3   5   8   ☐   ☐   34
7. 18   17   19   18   21   20   24   ☐   ☐
8. 156   144   132   ☐   ☐   96   84

Exercise 25a

1. 200 − 101 =
2. 5 × 14 × 2 =
3. 56 − 21 =
4. 20 × 8 =
5. 8 × 4 × 5 =
6. 250 − 51 =
7. 380 − 79 =
8. 44 × 100 =
9. 10 × 17 × 10 =
10. 30 × 9 =
11. 19 + 56 =
12. 68 × 100 =
13. 375 − 76 =
14. 25 × 8 × 4 =
15. 1000 − 550 =
16. 140 − 21 =

Exercise 25b

Can you answer all of these in 3 minutes? Ready – Steady – Go!

1. 8 × 9 =
2. 7 × 0 =
3. 1967m = ☐ km ☐ m
4. 2053g = ☐ . ☐ kg
5. 24 + 18 + 22 + 36 =
6. 27 + 29 + 31 + 13 =
7. 102 − 87 =
8. 4 × 20 × 25 =
9. 205 × 5 =
10. 1303 − 10 =
11. 5000 − 1999 =
12. 630 − 31 =
13. 499 + 91 =
14. 16 × 9 =
15. 1101 − 1001 =
16. 3001 − 100 =

Now I can do... (2)

1. $\frac{1}{2}$ = ☐ %

2. 0.25 = ☐ %

3. 4 cost 88p, 3 will cost ☐

4. 1kg costs £1.20, 2.5kg will cost ☐

5. 135km in 30 mins = ☐ km in an hour

6. 20km in 15mins = ☐ km in an hour

7. 120km in an hour = ☐ km in $3\frac{1}{4}$ hours

8. Write 2 factors of 21 ☐ ☐

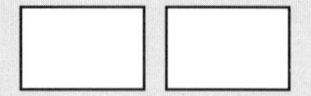

9. Write a factor (not 1) common to 24 and 56 ☐

10. 5406 to the nearest 1000 ☐

11. 6 10 7 11 9 13 ☐

12. 8 16 32 64 ☐ ☐

13. 121 100 ☐ 64 49 36

14. Add $1\frac{1}{2}$ hours to 13:20 ☐

15. 2kg − 450g = ☐

16. 3litres − $1\frac{1}{4}$ litres = ☐

17. 25 × 30 × 4 = ☐

18. 1500 − 499 = ☐

I scored 18 out of 18 in this test.

I am: ✓
very pleased ☐✓
pleased ☐
not very pleased ☐

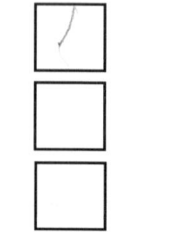